Alsace ancienne,
religieuse, artistique, pittoresque.

Les Musées.

Andlau-au-Val

Prière à l'ami dévoué C G de lire avec indulgence ces pages et d'offrir ensuite le petit livre rare et paru en 20 exemplaires seulement, jusqu'ici, à une Bibliothèque publique... Je n'ose pas dire à l'Académie des Sciences morales et politiques.... Car comme politique je n'ai jamais fait que sérieusement mon métier.

Comme science morale je ne connais que la pratique des travaux artistiques pour purifier les esprits et rapprocher les peuples. — Si la docte Académie savait ce que nous avons fait à Doulsaut le Château, Saverne, Audlau pour y créer des Musées abordables au public, elle nous octroierait peut-être cette petite récompense à laquelle on peut très peu prétendre ici-bas.

Il faudrait y aller voir pour y croire.

Qui aura le courage de venir... travaillant cependant
C. R. n'ayant pas encore Audlau, 18 X^{bre} 1906
osé. C. R.

Par Ch. Rouge : voyez page 55.

I.

DE SAVERNE
A TRAVERS L'ART ET L'ANTIQUITÉ

AMI LECTEUR,

Un jour que le vent ne soufflera pas en tempête, vous prendrez, si vous le voulez bien le train pour Saverne, et si vous êtes tant soit peu ami du beau et des vieux souvenirs, vous ne regretterez pas votre journée.

Il n'est pas nécessaire que le mois de mai ait mis ses décors. Ici les forêts sont bien intéressantes en hiver : on se croirait même en été, pourvu que le ciel montre un peu de bleu et que l'on porte ses pas vers les forêts de sapins de la Bärenbach et du Krappenfels.

Venez donc à Saverne en novembre, ou en mars et vous verrez que même en hiver dame Nature y est toujours bien mise : les troncs des hêtres portent de beaux manteaux en velours vert et noir; les énormes falaises de grés vosgien y sont décorées de mousses splendides.

Le temps a passé par là avec sa palette de couleurs harmonieuses. Ajoutez les horizons de montagnes bleues, les lointains vaporeux de la saison, et vous avez une suite de tableaux superbes. Le club des Vosges qui fait tant de bien à Saverne, a sillonné la montagne de sentiers commodes et jusqu'au Schneeberg et au Nideck, on retrouve son chemin tout seul.

Je suppose que vous êtes arrivé. Nous ne gravirons pas tout de suite les hauteurs couronnées de ruines féodales, de murs païens et d'enceintes druidiques, restons un peu en ville.

Vous avez vu quel bel effet fait le château quand on vient de Strasbourg. Comme il devait être imposant jadis avec son beau parc décoré de statues par Coysevox et les pièces d'eau allant jusqu'à Steinbourg : A l'intérieur un musée de tableaux, une belle bibliothèque, des collections d'histoire naturelle proclamaient le goût éclairé des princes évêques. C'était l'époque fastueuse de Louis XV. Le roi vient lui-même à Saverne en 1744 et ne pût cacher son enthousiasme devant le cachet artistique de cette résidence et sa situation magnifique au pied des Vosges.

La révolution a passé par là. Je ne regrette pas pour Saverne le faste du Cardinal : destiné au prestige du roi et de la nation, il a passé où ont passé d'autres pompes terrestres. Mais je trouve que les démolisseurs ont été trop vite en besogne; je trouve aussi que le dernier siècle n'a pas fait grand chose pour réparer le mal.

Où ont passé le Musée, les collections scientifiques, la bibliothèque du château et la célèbre bibliothèque des moines franciscains dont parle Dom Martène. (Voy. lit. de 2 bénédictins). Le monde peut-être comparé à une caverne de voleurs — qui pillent et détruisent.

Allons au Musée de la ville, pour voir si les Savernois reconstituent des collections... Noblesse oblige... ils ont depuis les invasions romaines un glorieux passé...,

Un Savernois.

(Journal d'Alsace, 18 oct. 1884.)

II.

MUSÉE DE SAVERNE

(SUITE)

Pour arriver au Musée, il faut quelques précautions. Il est régulièrement fermé, mais surtout aux heures des offices... Nous irons donc sonner le sacristain après 10 heures, si ce n'est pas un dimanche ou un jour de fête, et s'il est là, si la grille de l'ancien cimetière est ouverte, nous pourrons entrer. Un cimetière fermé à clef précède le Musée : des sœurs de charité y cultivent des fleurs et des fines herbes — elles n'ont pas d'autre jardin. Saluons la Providence de nos malades qui sait tout embellir. Si ces tombes sont triboques, celtiques, gallo-romaines, ces païens étaient nos pères : respectons leurs cendres.

Remarquez la forme prismatique de ces monuments trouvés sur les hauteurs des Vosges autour de Saverne. Ils se composent généralement de deux parties : une pierre inférieure en forme d'auge qui renfermait l'urne cinéraire, et une deuxième pierre que nous comparerons à une grande pierre borne, plus large du bas que du haut. Remarquez aussi les roues gauloises, les belles inscriptions romaines et cette tombe geminée à inscription indéchiffrable.

Entrons au Musée par cette porte ogivale. Nous sommes dans la chapelle Saint Michel, bâtie par l'évêque Albrecht en 1456.

Mais ici encore je suis dérouté, je quitte un cimetière païen entretenu par des sœurs, pour entrer dans un temple chrétien, et que vois-je? l'Olympe, tous les Dieux du paganisme en ligne!

Mais ici la température n'est pas celle qui règne sur la fameuse montagne en Thessalie, je sens un froid glacial... des dalles en mauvais grés forment le pavé; les anciens vitraux ferment mal, laissent passer le vent; le double mur d'un corridor repousse le soleil du levant. Ah! Saint Martin que n'êtes vous là pour prêter votre manteau à ces nombreux Mercures qui ornent la galerie! Jupiter, comment fait-tu pour lancer la foudre par une température si peu chargée d'électricité? Et vous, Hercule, n'est-ce pas, il faut votre constitution pour résister dans ce costume! Une remarque à faire, c'est que toutes les déesses sont habillées... C'est une précaution qui dénote la sagesse des sculpteurs savernois et de Dabo... Le n° 1 du catalogue, « petite femme à grosse tête » tient à la main une grande couronne (forme des miches de pain de Lorraine) est la plus vieille à ce qu'il parait... le catalogue dit « divinité inconnue » peut-être une déesse mère avec la patera. Oh les savants!

III.

MUSÉE DE SAVERNE

(SUITE)

En haut contre le mur et à travers le brouillard qui entre par les fenêtres, je vois une immense toile : Charles X en costume de gala ; de même Napoléon III en pantalon blanc, l'impératrice et d'autres personnages célèbres en costume d'été ; l'empereur Guillaume III en bronze avec un manteau, celui-là, et une foule de saints en pierre et en bois. Je ne vois pas saint Michel. Pourquoi n'a-t-il pas mieux défendu le sanctuaire ? En regardant la voûte que des barres de fer retiennent encore seules, nous avons peut-être la clef de l'énigme... cette voûte va s'effondrer... inutile donc de faire du scandale pour mettre dehors ceux qui ne devraient pas y être. Ils seront écrasés... Espérons qu'on arrivera à sauver ce qu'il y a de mieux.

Avant que la catastrophe arrive, admirez le beau travail de ces deux statues (N° 13, autel romain trouvé sous le presbytère), Mercure et Hercule et cet autre Mercure, dont a réuni les fragments dans un cadre devant l'autel : il tient à la main un enfant qui lui présente une bourse et a beaucoup d'analogie avec la fameuse statue de Praxitèle, trouvée ces dernières années, dans le temple de Junon à Olympie.

Dans un bahut hermétiquement fermé se trouve une collection de monnaies et de médailles, don de M. Audiguier... on ne peut pas les voir.

Voyez ces restes de jolis vitraux ; la douce figure de ce donateur Pierre Brun, deuxième chantre, et son humble prière sur une banderole : Deus propitius esto mihi peccatori. — Petrus Brun, cantor secundus, 1299. C'est de la belle époque de la peinture sur verre... Dans cette vitrine est une belle urne trouvée dans une tombe gallo-romaine au Kempel et tout autour des scènes de lutteurs et le nom du fabricant : « Satio fecit ». Plus loin, des souvenirs romains trouvés par M. Ringel dans les termes de Mackwiller et une belle fibule émaillée en forme de roue trouvée à Hægen.

Bref, après avoir rendu hommage au Colonel de Morlet qui a eu la première idée du Musée en 1858, constatons qu'il ne reste rien de la splendeur des siècles passés en fait d'art. Nous ne demandons pas un édifice de 200000 fr., comme ce nouvel abattoir que nous voyons là-bas sur les près. Avec un budget de 100000 m. la ville en consacre 80 tous les ans au Musée et quoique le Gymnasium lui coûte cher, il paraît que le dessin n'y est même plus enseigné dans les hautes classes. Pourtant quoi de plus civilisateur, de plus utile que la culture des arts? Sans en faire un métier, tout le monde n'est-il pas appelé à les exercer plus ou moins dans la vie : l'ouvrier pour exécuter avec intelligence, le maître pour diriger convenablement.

Sans doute il est difficile d'enseigner le dessin d'imitation quand on ne l'a pas pratiqué soi-même.

Rendons hommage à la vieille organisation du Collège de Saverne.

Nos maîtres modestes Schott, Axtmann ne coutaient presque rien à la ville le premier 400 fr. le second 1200 fr. — Quand on considère les magnifiques académies qu'on dessinait vers 1852 on ne peut s'empêcher de dire, oh, les braves Maîtres, les braves jeunes gens !

IV.

MUSÉE ET ATELIERS

DE TRAVAUX MANUELS

A CRÉER DANS NOS PETITES VILLES

(SUITE)

Allez voir ce qu'à Mulhouse, Colmar, l'initiative individuelle a su produire. A Strasbourg il y a une superbe Landesbibliothek (900000 volumes).

On est généreux à Saverne pour les établissements de charité, l'orphelinat, l'hôpital ; le cimetière est un des plus riches de l'Alsace. Mais il ne suffit pas d'être large envers ceux qui ne sont plus et les pauvres du bureau de bienfaisance ; éloignons la pauvreté, favorisons le travail. Fournissez aux ouvriers des occasions de devenir habiles... ils décoreront vos Églises gratis pour vous remercier. On dit qu'une généreuse donatrice vient de léguer 90000 fr. pour la restauration d'une église de l'ordre mendiant de saint François. Si le brave moine avait vécu, il aurait refusé le legs: car il ne voulait pas d'églises somptueuses ... ses disciples prêchaient avec la parole et le pinceau.

Espérons qu'il se trouvera quelque donation intelligente, pour favoriser et ramener la culture des arts à Saverne, en créant un Musée abordable au public, avec bibliothèque et salle de dessin.

Mais pour lui faire des donations, il faudrait que notre « sujet » existe et me dira quelque concitoyen ami de la tranquillité et du calme, quel Musée, quelle bibliothèque? C'est plein de difficultés!

Pour en éviter beaucoup, que ceux qui désirent ce progrès, le réalisent eux-mêmes chacun dans sa petite sphère. Vous avez des sociétés de chant, de musique, des amateurs de roses, de boxe ... j'ai entendu dire au jeune Directeur X qu'il allait créer une section de gymnastique et boxe pour dames... De tous côtés on joue du théâtre là se forment les comédiens...

Au milieu de ce monde qui s'amuse, n'y a-t-il pas dans vos belles maisons, quelque local tranquille, où quelques sages pourraient travailler et collectionner, ou encore exposer les travaux d'art qu'eux Savernois ont exécutés ou trouvés de tous côtés et se rapportant aux temps anciens. Pour cela il faudrait des vitrines et des hommes dévoués, pleins de foi.

Pourquoi dans l'ancienne ville épiscopale, ne créerait-on pas ce Musée religieux — propre à rapprocher les hommes et à ramener l'unité dans la Foi ? Réunissez les produits les plus édifiants de l'art religieux — même chez les anciens — l'art chrétien au moyen âge et depuis les catacombes n'aura pas à rougir de ce voisinage. Ceux qui ont construit et sculpté la Cathédrale de Reims se sont montrés supérieurs aux Grecs....

Après cette altercation fictive avec un adversaire somnolent, je termine la présente. Dès que j'apprendrai que le Musée s'agrandit je vous en informerai et nous continuerons notre promenade dans les environs.

Un Savernois.

(Voir Journal d'Alsace du 18 oct. 1884.)

V.

MUSÉE DE SAVERNE

(SUITE)

G ustave Doré, l'artiste de génie, — qui a demeuré tout jeune à Saverne, — a dessiné quelques types d'archéologues dans la *Mythologie du Rhin*, de Saintine.... Des savants, membres de l'Institut peut-être, coiffés de chapeaux haute forme déjà antiques, vêtus de capotes longues, tiennent d'une main des in-folio, sous le bras des parapluies et s'arrêtent gravement entre de grandes pierres levées : menhirs, dolmens.... La légende dit : « Un seul mot laissé par une nation disparue, leur suffirait pour reconstruire l'histoire de cette nation. »

Plaisanterie à part, ceux qui cultivent la spécialité méritent tout notre respect, et plût au ciel qu'il nous arrivât quelques-uns de ces érudits pour opérer le classement de notre commencement de collections et une Société pleine de zèle pour les compléter...., placées alors par grandes périodes historiques, elles seraient pour la jeunesse un moyen excessivement pratique de se graver dans la tête l'histoire, toujours un peu aride quand on ne l'apprend que dans les livres.

L'homme du peuple trouverait là les souvenirs des aïeux, dont on lui a parlé longuement à l'école et au foyer. L'artisan y étudierait l'histoire du travail.... Comment faisaient nos anciens? Nous avons une tendance à nous croire plus forts. Nous ne les imitons pas assez dans ce qu'ils savaient faire de solide et de durable. Beaucoup de leurs chefs-d'œuvre ont été brisés dans les guerres, quelquefois en pleine paix par des restaurateurs malhabiles. Rassemblons ces débris... Ils seront de nouveau imités plus tard.

Et que de souvenirs ces restes évoquent dans une localité comme la nôtre! Ici les témoins des grandes migrations des peuples! Là les colonnes milliaires qui ont dû voir passer les cohortes de César, Drusus, Julien — c'est ce dernier empereur romain qui releva les fortifications de Saverne, renversées par les Allemanes vers 357. — Ici des tombes franques de 2 mètres de longueur.... Il y a deux ans, on a retrouvé les os d'un de ces Francs avec ses armes, son bouclier, en creusant une route sur la montagne d'Ernolsheim. Était-ce une vedette de Clovis, quand celui-ci rejeta les mêmes Allemanes de l'autre côté du

Rhin, après Tolbiac en 496? Grégoire de Tours n'indique pas le lieu de la bataille de Tolbiac... En présence du grand nombre d'armes franques que l'on a retrouvées à Hochfelden, à trois lieues d'ici, on peut croire qu'on a dû s'y battre.

VI.

ANCIEN COLLÈGE

1840 à 1860

MUSÉES EN HERBE

A STRASBOURG

Pourquoi n'y a-t-il pas plus d'Alsaciens qui s'occupent de ces intéressantes questions-là ? En devenant chercheurs et touristes, ils se distrairaient, se consoleraient de bien des misères et seraient utiles à leurs semblables. Il y a vingt-cinq ans qu'un journaliste, membre aujourd'hui de l'Académie française, datait ses lettres de Schlaffenbourg ! et pourtant le nom était alors moins mérité que de nos jours.... Si nous faisons la statistique des Savernois qui ont fait leur chemin en sortant de l'ancien petit collège de 1856 à 1870 par exemple, et de ceux qui ont passé par le nouveau gymnase de 1870 à 1884, vous aurez une assez longue liste d'élèves de Polytechnique, Centrale, etc., tous aujourd'hui officiers, magistrats, ingénieurs, médecins, ou convenablement placés pour la première période. Je sais qu'il y a des circonstances atténuantes si la seconde liste n'est pas si brillante — un changement violent et radical dans la langue, et l'instruction arrête et décourage — mais il faut se tirer de là... Comme Lafontaine fait dire au charretier embourbé : *Aide-toi, le Ciel t'aidera.*

Une bonne introduction à l'étude des arts, c'est l'archéologie. Pour se fortifier dans la partie, il faut des conditions spéciales : posséder une bibliothèque complète et avoir l'occasion de fréquenter des Musées bien classés. Ces conditions existent-elles dans la Basse-Alsace ? Il faut le dire, si nous avons à Strasbourg un splendide Musée d'histoire naturelle — qui est généreusement mis à la disposition du public tous les jours — il n'y a, même au chef-lieu, ni Musée des arts, ni Musée d'archéologie où un travailleur pourrait aller étudier.

Mais cela va changer, à ce qu'il paraît, et il nous a été donné de voir la manière dont on disposait tout à l'ancienne Académie pour le Musée des monuments historiques d'Alsace. Il faut féliciter le conservateur actuel, M. Pœhlmann je crois, de la manière dont il a compris le classement : ainsi il y a une salle à part pour les antiquités romaines, et deux grandes vitrines renferment les chefs-d'œuvre de céramique et de verrerie antique, trouvés dans des tombes romaines de notre pays... cette salle est excessivement intéressante... Les autres époques de l'art — roman, gothique, renaissance — sont moins bien représentées. La place manque. Il faudrait de plus vastes salles... cela permettrait aux grands collectionneurs de montrer de temps à autre ce qu'ils ont su réunir.

(18 Octobre 1884).

VII.

MUSÉE

POUR LA

CONSERVATION DES MONUMENTS HISTORIQUES

DE

1855 à 1884

Depuis le commencement de l'année on promet que le public sera admis à visiter ce Musée à jours fixes. Quelle veine pour les Strasbourgeois! Pourvu qu'on leur tienne parole bientôt.

Lors de ma visite à ce futur Musée, je me suis permis de faire au conservateur les réflexions suivantes à propos d'un retable du 15ᵐᵉ siècle — avec de magnifiques peintures d'un maître de l'école vénitienne, probablement — que la Société a acheté à Neuwiller : «Cet autel ne sera pas à sa place dans une petite salle... Ayez un grand Musée d'art religieux ou laissez-le à Neuwiller. Vous avez tort de vouloir accumuler, sur un espace restreint, les quelques chefs-d'œuvre qui nous restent en Alsace. Rappelons-nous 1870, où presque toutes les antiquités ont péri au Temple-Neuf avec la Bibliothèque : même des monuments énormes, tombes romaines, grands bas-reliefs, etc., n'ont pu être retrouvés! Si vous faites des découvertes par suite de fouilles comme au cimetière de Kœnigshofen — où M. Straub a mis au jour, en 1878, 200 tombes romaines, remontant au 3me siècle — bravo! Achetez aussi des antiquités aux particuliers et à Herculanum, Pompéi, tant que vous voudrez. Mais quand il s'agit d'une église abbatiale — comme celle de Neuwiller, monument historique qui existe encore — laissez-lui le mobilier qui le rend intéressant et constitue son héritage. Subventionnez, faites restaurer convenablement, s'il y a moyen ; prenez des copies pour votre Musée, mais laissez les originaux en place. Cela soit dit encore pour un reliquaire du 12me siècle en cuivre doré, de Molsheim, que la Société se propose d'acquérir. Vous avez une reproduction en plâtre. Si elle n'est pas parfaite, faites-en faire une meilleure, dorez-la pour qu'elle prenne les apparences du modèle. Cela suffira pour l'amateur et l'artiste. »

Ces réflexions faites, il faut rendre hommage à la Société des monuments historiques pour les services qu'elle a rendus au pays, depuis sa fondation par M. Migneret, en 1855. Malgré l'émigration énorme de 1870, le nombre des membres est revenu aujourd'hui à 360. Ses ressources se composent des cotisations individuelles, 10 fr. par an, des subventions du Conseil général, quelquefois de l'Etat, et de donations. Suivant une récapitulation faite en 1882, elle a sauvé de la ruine ou consolidé 15 édifices religieux et 26 édifices civils et militaires anciens, au moyen d'une dépense de 37,000 fr.; exploré 15 localités importantes avec 15,000 fr.; le reste de ses dépenses se répartit sur l'acquisition des objets qui ornent son Musée, les loyers et la publication du Bulletin illustré de ses travaux que reçoivent les membres de la Société.

(1er Novembre 1884).

VIII.

RECONSTITUTION

DU

HORTUS DELICIARUM

Malheureusement depuis quelques années presque toutes les ressources sont absorbées par la reconstitution du *Hortus deliciarum*. Depuis 1881 la Société n'a fait paraître qu'un mince bulletin de ses travaux. Cette reconstitution du *Hortus* demandera, si je ne me trompe, environ 16,000 fr. Comme ce manuscrit écrit de 1159 à 1175 par l'abbesse Herrade de Landsberg et illustré de 636 miniatures a péri par suite du bombardement de 1870, il serait juste que l'Etat se chargeât de la reproduction des calques noirs qui nous en restent, ou du moins qu'il en couvre les frais. Au moyen du bel ouvrage du comte de Bastard (peintures et ornements des manuscrits) dont la Landesbibliothek a fait l'acquisition cette année, on pourrait constituer une édition en partie coloriée. Cela donnerait une meilleure idée de l'original.

En somme, la Société des monuments historiques a droit à notre reconnaissance. Mais on constate un temps d'arrêt et elle a besoin de soutiens. Je suis certain que quand le public verra les richesses artistiques et les souvenirs réunis à l'ancienne Académie, de nombreux membres nouveaux se feront inscrire et lui permettront de reprendre l'activité des anciens jours.

La prochaine fois nous causerons du Musée de Colmar, où l'on est bien en avance sur Strasbourg... Depuis longtemps le commun des mortels est admis aux Unterlinden.

L'hiver s'approche, le temps se prête aux longues conversations. Hier encore le soleil brillait sur les feuilles, offrant toutes les nuances de l'or dans nos bois... mais les alertes mésanges cherchaient déjà des réduits sous les sapins. Aujourd'hui de grands nuages gris montent de l'Ouest et le vent éclaircit rapidement les belles cimes dorées la veille. Les riches décors vont tomber. Mais, tout en ayant l'air de dormir, la nature prépare le printemps...

Faisons comme elle, travaillons au renouveau.

UN SAVERNOIS.

(Journal d'Alsace, 9 nov. 1884).

IX.

BIBLIOTHÈQUE ET MUSÉE OUVERTS

AU PUBLIC-DÉSIRÉS

A

SAVERNE

Nous avons un nouvel administrateur, mais je ne sais pas du tout s'il va tout de suite comme cela, au commencement, sortir de l'ornière. Le progrès arrive lentement. Si pendant ce temps notre sacristain prenait une grande résolution! Il pourrait, par exemple, avec l'autorisation de ses supérieurs, prélever, comme le fait celui de Saint-Thomas à Strasbourg, 50 centimes sur tous ceux qui veulent aller à l'église les jours ordinaires... Comme la fréquentation est très grande ici, il aurait au bout de peu de temps réuni une somme assez ronde pour acheter un petit jardinet aux sœurs... celles-ci ne seraient plus obligées de tendre des cordes devant le Musée les jours de lessive. Avec le reste il louerait à la mairie deux grandes salles vides où l'on pourrait au moins placer un poêle en hiver... Généreux jusqu'au bout, ce serait lui qui distribuerait des pourboires tous les jeudis, aux premiers visiteurs... Ceux-ci aidant, le déménagement serait bientôt fait. On vénère toujours ici Mercure et Hercule : capitalistes et hommes à poigne... mais ils se promènent en chair et en os dans les rues! On laisserait donc les statues des vieux se morfondre dans l'ancien local. Dans le nouveau il n'y aurait que des livres — on vient d'en trouver à la mairie 600 provenant des abbayes de Marmoutier et de Neuwiller — les vitrines remplies de collections, et les tables et chaises des travailleurs.

Je vois déjà alors un comité se former, ouvrir une liste de souscription et des membres honoraires et participants arriver en rangs serrés. Les dames mêmes patronneraient l'œuvre, car ce sont elles qui font tout réussir ici... On les dispenserait d'acheter une bannière et des décorations. Les membres les plus assidus, les donateurs les plus généreux seuls seraient portés au tableau d'honneur.

Que dites-vous de mon moyen? Il y en a beaucoup d'autres, bien sûr, et nos Savernois vont en trouver, vous allez voir... Allons, en avant, quelques-uns !

Pendant que l'on prend son élan ici, nous allons faire un tour au Musée de Colmar. Je vais donc raconter le voyage que j'ai fait là-haut en 1883.

(2 décembre 1884).

X.

MUSÉE SCHŒNGAUER

A

COLMAR

La Société des monuments historiques avait eu une bonne idée l'année dernière. Elle avait convoqué tous les membres à une assemblée générale à Colmar. Donc, enchanté de voir du nouveau et décidé à beaucoup dessiner, je m'étais amplement fourni de papiers, de crayons et, parti par le train de 5 heures, je saluais déjà la portière des Unterlinden à 8 heures du matin. On peut dire que cette brave personne ne m'attendait pas, et elle, dont les fonctions sont d'ouvrir les portes à tout le monde, se dépêcha de les fermer toutes devant le membre de la Société des monuments historiques qui ce jour-là arrivait de plus loin et le premier! Comme elle parle très bien le patois de Colmar, elle répondit à toutes mes réflexions avec l'énergie d'une Oberlændere qu'on lui avait défendu de laisser entrer n'importe qui... parce que les trésors étaient étalés sur les tables! Je demandai M. le conservateur, dont on m'avait vanté l'urbanité... il n'était pas là, ne viendrait qu'à 10 heures. En attendant, je sollicitai la permission de circuler dans le cloître, ce qui me fut octroyé gracieusement. La bonne dame était heureuse de pouvoir enfin m'obliger.

Au fait je me console d'être arrivé tout seul. Dans un cloître on n'a besoin ni de société ni de bruit... Voici les vieilles fenêtres rondes geminées, où la double arcade est supportée par une colonnette, qui nous ramènent à la fondation du couvent en 1232. Certainement de ces fenêtres on devait avoir autrefois une belle vue sur les montagnes lointaines... tous nos couvents d'Alsace sont construits dans des sites pittoresques, d'où l'on pouvait embrasser une grande surface de ciel. Le reste du cloître bâti dans le style gothique, par le frère Volmar en 1252, est un des rares monuments de ce genre qui existent encore en Alsace. Il appartenait à des religieuses dominicaines. Saint Dominique fonda la première maison de l'ordre à Carcassonne, en 1208. L'ordre des dominicains (ou frères prêcheurs) lui-même est un des plus célèbres de la chrétienté. Sans parler des hommes éminents qui en sont sortis, comme théologiens, savants, artistes, nous nous contenterons de citer ici, à l'occasion de notre

visite au Musée Schœngauer, Fra Angelico, ou le peintre des anges (1387—1455). (Schœngauer est né en 1440). Vasari porte sur le frère Angélique les appréciations suivantes : « Il était d'une sim-
« plicité de mœurs extraordinaire... évitait avec
« soin toutes les critiques du monde... ses ta-
« bleaux, pleins de facilité, respirent la dévotion
« la plus profonde. Les saints qu'il peignit se dis-
« tinguent par un aspect divin, qu'on ne rencontre
« chez aucun autre peintre. »

(Journal d'Alsace, 2 décembre 1884).

XI.

MUSÉE DE COLMAR

(SUITE)

Splendide asile de la méditation, de la prière et du travail, après avoir passé par toutes sortes de vicissitudes : successivement magasin à fourrages, caserne de cavalerie, le couvent des Unterlinden a reçu en 1847 une destination plus conforme à la noblesse de son origine. Sur l'initiative de M. Hugot, bibliothécaire, et du docteur Richard, les habitants de Colmar fondèrent une société sous le nom de Schœngauer. Grâce à la munificence de M. Hartmann et aux bonnes dispositions du Conseil municipal, qui concéda le couvent à la Société, elle arriva bientôt à des résultats surprenants. La bibliothèque, qui dans le projet primitif devait se composer 1° de grands ouvrages de luxe à planches relatives aux études historiques, à la pratique des arts du dessin et à l'histoire naturelle ; 2° de traités professionnels, possède déjà près de cinquante mille volumes ;

elle est ouverte au public tous les jours à 10 heures; le médailler renferme plus de dix mille pièces. Dans une belle salle du rez-de-chaussée on trouve les reproductions en plâtre des chefs-d'œuvre de la sculpture antique : Laocoon, Apollon, etc., et des bas-reliefs assyriens. Dans deux grands couloirs au premier se trouvent 1° le musée d'histoire naturelle; 2° le musée ethnographique dont les costumes, armes, etc., ont été envoyés par les officiers et amiraux colmariens; 3° une collection préhistorique d'Alsace et des cités lacustres.

Une grande salle renferme les antiquités celtiques et gallo-romaines et entre autres objets trouvés aux environs de Saverne des agrafes en argent et des urnes noires déterrées à Brumath et à Durstel; des lames d'épées, couteaux, urnes, colliers de perles trouvés à Hochfelden; des fragments de marbre et porphyres d'Egypte provenant des Thermes de Mackwiller; un très beau collier gaulois trouvé à Eguisheim; un aigle romain en marbre blanc trouvé à Hartmannsweiler; un Jupiter en marbre noir, don de M. de Beaumont; un bel empereur romain en albâtre, etc.

L'énumération serait longue des importantes découvertes faites ces dernières années à Horbourg, Türkheim, Herlisheim, Heidolsheim; dans cette dernière localité on a découvert entre autres dix bracelets celtiques en or de 10 centimètres de diamètre et roulés en spirale... ceux que le

Musée de Colmar n'a pas achetés ont été vendus, au prix de l'or, à celui de Saint-Germain. A propos de ces fouilles, le président de la Haute-Alsace a rappelé que M. de Ring avait fait la remarque que les petits tumulus fournissaient les objets les plus précieux (tombes de chefs, de gens riches); à Heidolsheim c'est un très grand tumulus qui renfermait le plus de trésors. Souvent sous les cimetières modernes on trouve un cimetière gallo-romain, sous celui-ci des tombes celtiques, preuves que les différents conquérants ont montré de l'habileté en respectant les anciens usages.

Quand donc se mettra-t-on à l'œuvre dans la Basse-Alsace pour explorer les nombreux tumulus de la forêt de Haguenau? Là ce sont justement ceux d'une petite étendue qui récompensent le plus les chercheurs. M. Zæpfel en a compté soixante-dix dans les forêts de Seltz et de Hatten... Il en fit ouvrir un de 8 mètres de diamètre et 4 mètres de haut; à 2 mètres de profondeur il trouva près du chef guerrier la vaisselle contenant, avec le dernier repas et la dernière boisson, les bijoux que le mort avait portés aux jours de sa gloire... un peu plus loin les roues de deux chars qui avaient servi au défunt...

(Journal d'Alsace, 2 décembre 1884).

XII.

MUSÉE DE COLMAR

(SUITE)

On y trouva encore un bassin en bronze, deux aiguières, un cercle ou bandeau d'or fin de 32 grammes, un fer de lance, des débris de colliers creux en bronze, dont l'intérieur était solidifié par un bois d'if, et, enfin, un anneau contenant symétriquement posées à l'intérieur, tout autour du cercle, quinze dents humaines... Tous ces objets se trouvent au Musée de Colmar. Parmi les antiquités grecques de nombreux vases couverts de peintures, des urnes provenant d'une nécropole de l'île de Chypre. L'art romain est encore mieux représenté : lampes, statues votives, fragments de mosaïques de Herculanum, Pompéi, Syracuse ; miroirs étrusques, sandales, etc. Lampes des catacombes avec le monogramme du Christ.

Le moyen âge et la renaissance offrent une collection d'armes et le bouclier de chasse des seigneurs de Ribeauvillé ; une porte avec des ferrures intéressantes, de 1490; une épée de bourreau, des instruments de torture; des tapis du 16me siècle, des costumes, souliers à la poulaine; des spécimens de verrières, du 13me siècle, de la cathédrale, et d'autres encore des 15me et 16me siècles. Enfin, une collection céramique : vases de Sèvres, faïences et porcelaines, de Paul et Joseph Hannong, de Haguenau et de Strasbourg (1739—1780), d'autres de Niederwiller (Custines, 1780—1793).

Pénétrons dans l'ancienne église, appropriée en splendide musée. Nous trouvons du côté du chœur, d'abord comme pavé, une grande mosaïque romaine, découverte à Bergheim, en 1848. L'ancien sanctuaire est devenu ici un véritable sanctuaire de l'art. Cherchons, avant tout, les œuvres de Schœngauer, dit encore Martin Schœn ou le beau Martin... On croit qu'il est né à Augsbourg en 1420; il mourut à Colmar en 1488. Le Musée de Colmar possède-t-il de lui des œuvres authentiques? Tout se réduit là-dessus à des conjectures... les œuvres qu'on lui attribue ne sont pas signées. On regarde comme siennes : 1° la Vierge aux roses, dans l'église Saint-Martin; elle porte au verso une date, 1473. Restaurée, il n'y a que les anges qui tiennent la couronne et le fond qui sont intacts; 2° au Musée, la Vierge adorant l'enfant; 3° saint Antoine, ensuite l'Ange et la Vierge de l'annonciation, et plusieurs scènes de la Passion. Pour toutes les autres, on peut dire : école de Schœngauer... le maitre a passé par là dans les compositions ou pour corriger les élèves.

Mais c'est comme graveur surtout que Schœngauer est célèbre, et voici le jugement que porte sur lui le vicomte Henri Delaborde dans la *Gravure (bibliothèque de l'enseignement des beaux-arts.* Quantin, Paris) : « A tous égards, l'importance
« d'un pareil artiste est celle d'un chef d'école,
« d'un maître, dans l'acception la plus stricte du
« mot. Par lui-même et par les talents dont il a
« provoqué le développement, Martin Schœngauer
« a eu un rôle si considérable, il honore si haute-
« ment le pays auquel il appartient, qu'il n'y a
« que justice à le regarder comme un des plus
« glorieux représentants de l'art national et à asso-
« cier son nom aux noms d'Albert Dürer et de
« Holbein, pour résumer dans trois types princi-
« paux les caractères même et les qualités essen-
« tielles du génie allemand. »

(Journal d'Alsace, 2 décembre 1884).

XIII.

MUSÉE DE COLMAR

(SUITE)

M. Ch. Goutzwiller, dans son livre *le Musée de Colmar*, rappelle qu'il y a quelques années une gravure Schœngauer *Le couronnement de la Vierge* se vendit à Leipzig au prix énorme de 2800 thalers (10,500 fr.). On connait 117 gravures sur cuivre portant son monogramme M. S.

Lambert Lombard, dans une lettre à Vasari, nous apprend que Roger van der Weyden, le fondateur de l'école flamande, à qui l'on attribue aussi l'invention de la peinture à l'huile, fut le maître de Schœngauer. Il ajoute que les gravures de ce dernier parurent déjà alors merveilleuses, quoiqu'on puisse leur reprocher un peu de sécheresse. Ce qui est remarquable, c'est la conservation parfaite des peintures de cette école : quoiqu'elles aient 400 ans, elles sont aussi fraîches que si elles avaient été peintes hier. L'école flamande, dit E. Cartier est une des gloires les plus pures de l'art chrétien... ce n'est pas le grand art traditionnel, ni la recherche de l'idéal; c'est le sentiment chrétien dans sa simplicité... L'artiste prend ses modèles dans son intérieur et s'efforce de mettre les vertus des saints sur le visage de sa femme et de ses enfants. Les fonds des tableaux reflètent une vie heureuse et paisible, le ciel est lumineux, l'horizon transparent; les détails y abondent : les arbres, les fleurs, les animaux, les oiseaux, toute la création est là, comme un hommage reconnaissant au Créateur... Tel était le maître.

L'élève s'en souvient dans ses têtes d'anges et de vierges et ses premiers plans de muguets et des fraises, mais ses types sont déjà moins suaves plus froids. Après lui, Albert Dürer sera encore plus tourmenté.

On attribue à Roger van der Weyden une Pieta, n° 161 du catalogue.

D'autres œuvres de cette époque remarquable, où les maîtres ne signaient pas, sont au Musée de Colmar : la plus importante est le maître autel de l'église des Antonites d'Isenheim, près de Soultz... neuf grands tableaux qui l'ornent sont attribués à Mathias Grünenwald.

Mais j'arrête là pour aujourd'hui ces descriptions. Alsaciens, allez au Musée de Colmar... il est ouvert tous les Jeudis, et l'accès en est facile aussi les autres jours de la semaine. M. Fleischhauer le président, est à la hauteur de sa mission; M. Waltz le conservateur est d'une obligeance hors ligne. Vous y trouverez outre les anciens une belle collection d'artistes alsaciens modernes : Doré, Th. Schuler, E. Laville, Henner, Ulmann, Bernier, Jundt, Brion etc.

Je termine par les lignes que M. Galichon écrivait dans la Gazette des beaux arts en 1859 : « Le noble exemple donné par Colmar mérite d'être imité. Il serait à souhaiter que toutes les villes pussent comprendre quelles puissantes ressources on trouve dans l'association pour un but commun, et qu'elles sussent les employer comme on a fait à Colmar, pour réveiller chez leurs habitants le goût de l'art et de l'étude.

UN SAVERNOIS.

(Journal d'Alsace, 2 décembre 1884).

XIV.

DE SAVERNE

A

TRAVERS L'ART ET L'ANTIQUITÉ

(SUITE)

Gutenberg. — Le Zwangmühle. — Les Dominicains.

AMI LECTEUR,

Le vieux Gutenberg de Strasbourg tient toujours à la main sa fameuse inscription « Et la lumière fût ». A la dernière fête des imprimeurs, une femme inconnue appliqua une échelle contre sa statue en bronze, œuvre de David d'Angers et lava comme d'habitude, l'homme et la pancarte. Cette dernière est très lisible, mais après 434 ans on peut se demander si l'imprimerie nous a apporté avec la lumière, la vérité... Quoiqu'il en soit, elle a rendu d'énormes services : un des moindres c'est que nous pouvons pour le moment, causer des choses de l'Alsace.

Ce n'est déjà pas si souvent que les Alsaciens parlent de chez eux depuis une quinzaine d'années, et devant les volumes qui s'accumulent — il y en a d'intéressants dans le nombre — on est tenté de croire, en lisant les noms des auteurs, qu'il faut absolument être né à 200 lieues d'ici, pour parler en connaissance de nos clochers... L'inconnu qui écrit ces lignes n'a pas la prétention de descendre d'une souche qui a toujours régné en maîtresse sur le pays... Il sait seulement que ses aïeux étaient il y a environ 150 ans meuniers à la Zwangmühle (moulin banal) près d'ici à Wilwisheim. Oui, chers compatriotes, quelques-uns des vôtres étaient obligés de moudre leur blé chez nous, ou à payer aux Seigneurs de Lutzelbourg et de Wangen les vertes moutes, c'est-à-dire le prix de mouture de la quantité de grains qu'ils auraient consommée, s'ils eussent résidé sur leurs terres dans la banlieue.

Voulez-vous vous faire une idée de la manière dont s'accroissent les familles en Alsace? Il y a une centaine d'années, Chrétien Mehler, le meunier eut 10 enfants et 36 petits enfants! Combien sont-ils aujourd'hui? je n'en sais rien... Il y en a qui sont morts soldats; d'autres sont allés en Afrique, en Amérique.

La Zwangmühle! Cela sent un peu l'état de siège... Tous obligés de moudre au même moulin! Il est vrai que souvent dans les temps anciens on était heureux de trouver un moulin en règle....

ces derniers étaient la plupart du temps fortifiés, à cause des guerres et des invasions périodiques. Malgré cela, je ne viens pas réclamer mon antique privilège : j'ai oublié le métier... je demande même que le moulin officiel ne travaille plus seul; qu'il soit permis à chacun de dire un peu ce qu'il pense, pour qu'à la fin Gutenberg puisse raisonnablement passer pour avoir dit la vérité.

Et sur cela allons-y... comme un meunier sans soucis.

Nous étions restés au Musée de Colmar, dans une vaste église, qui renferme les œuvres de maîtres anciens et modernes. Avant de quitter nous nous promettons de revenir, car on en a pour longtemps avec un Musée comme celui-ci. En passant par le beau cloître, rappelons un autre souvenir qu'il évoque : il fut inauguré en 1269 par Albert le grand... moine dominicain aussi; Albert enseigna avec un grand succès la philosophie à Paris et à Cologne. Ce fut lui qui commenta et fit connaître les ouvrages d'Aristote restés inconnus depuis plusieurs siècles... Evêque de Ratisbonne pendant 3 ans, il se démit de ses fonctions pour se livrer tout à l'étude.

Ainsi honnêteté, charité chrétienne, pauvreté volontaire et travail étaient les vertus de ces religieux qui ont illustré le 13me siècle.

Un Savernois

(Journal d'Alsace, 10 décembre 1884).

XV.

LES DOMINICAINS

SAVANTS ET ARTISTES A COLMAR

VALLÉE DE LA ZORN

PRÈS SAVERNE

Dans la croisade contre les Albigeois, le chef de l'ordre, saint Dominique, dit aux envoyés du Pape qui arrivaient en grande pompe : allez y simplement et pieds nus... vous réussirez mieux. Il ne prit aucune part à la guerre, ne voulant d'autres armes, que la prédication, la prière et les bons exemples... Il nous faudrait des hommes de cette trempe dans le siècle actuel.

Un des plus beaux tableaux du troisième Dominicain dont nous avons parlé, Fra Angelico, représente Saint Laurent distribuant aux pauvres les trésors de l'Eglise... Nous aurions besoin aussi d'une distribution de trésors : par là, nous entendons non les objets plus ou moins dorés, qui servent au culte extérieur... mais les trésors plus précieux de la simplicité et de la charité chrétiennes.

. . . .

De retour à Saverne et pour secouer la poussière des siècles, que nous avons recueillie dans nos trois musées, nous allons prendre l'air et nous diriger vers la montagne.

Etes-vous bon marcheur? Nous allons faire un tour qui raidit un peu... mais il faut nous endurcir. Cela vous fera du bien. Prenons par la vallée de la Zorn.

Voilà une vallée où règne l'activité... Sur ce grand chantier à gauche des mariniers radoubent les bateaux du Canal de la Marne au Rhin; à côté coule la rivière, la Zorn qui fait marcher scieries, moulins, usines; après avoir passé sous plusieurs tunnels — celui d'Arzwiller a 2678 mètres — soixante trains de chemin de fer se croisent tous les jours à notre droite... en sortant du dernier tunnel là-bas, ils filent sur le grand viaduc, qui lui-même passe sur la rivière et le canal.

Ajoutez le bruit des chutes d'eau; de temps à autre des coups de mines où la dynamite, en faisant sauter les grands quartiers de grès rouge, ébranle la montagne... Au loin, à la Schlittenbach, les hurlements de deux dogues, qui cherchent à couvrir le bruit des clairons et le tir à la cible d'un bataillon de soldats. Pauvre Saverne, la vallée que tu domines n'est plus guère paisible!

C'est que le défilé est un peu étroit : Chacun passe comme il peut... Ici des montagnards de Hægen amènent de grands arbres. Ils accelèrent le pas devant les petits bœufs, durs à la fatigue; puis s'arrêtent brusquement, le fouet en l'air... une menace seulement et repartent de nouveau pour entrainer l'attelage. Les petits bœufs suivent tant qu'ils peuvent...

Au bord du canal, un batelier dirige une embarcation et file droit le long des rives décorées d'iris, de glaïeuls et des plantes les plus diverses. Plus loin, trois carriers emboitent le pas, les bras ballants ou passés dans la sangle, tirent aussi la corde d'un bateau chargé de pierres : la sueur coule sur leurs fronts, leurs figures ont les belles teintes de gens qui travaillent au grand soleil.

Avançons vers le bois. Là sont des scènes plus calmes...

C'est le jour où il est permis de ramasser du bois dans la forêt : voici venir un groupe de jeunes filles et de femmes portant sur la tête des fagots ; voyez comme ces braves enfants, qui ne peuvent pas bien suivre là-bas, en traînent déjà de lourds.... C'est qu'il faut se dépêcher, nous avons eu les premiers froids.

UN SAVERNOIS.

(Journal d'Alsace, 10 décembre 1884).

XVI.

LA VALLÉE DE LA ZORN
EN AUTOMNE
LE CLOCHER DES FRANCISCAINS

Après nous avoir permis de faire des provisions de toutes sortes, l'Artiste sublime va encore nous faire voir, avant l'hiver, mille tableaux de sa main, tous plus splendides les uns que les autres! Pour le bouquet c'est la palette aux riches couleurs qui donne... A toutes les heures, la scène change... Pour le moment, voyez comme ces peupliers au feuillage bronzé vert et or se tiennent droits au bord de la rivière; à côté d'eux un tremble balance de longues guirlandes de feuilles d'un jaune pâle; le tout se détache admirablement sur les lointains brumeux. Dans le ciel où l'on distingue à peine quelques traces de bleu, deux éperviers s'avancent en décrivant de grands cercles.

Si nous nous retournons vers la ville, nous apercevons le clocher modeste des Récollets, au-dessus des écoles où l'on essaye les méthodes nouvelles... Si les Franciscains et les Augustins se sont contentés de ce petit clocher et d'une église toute simple, par contre ils possédaient une belle bibliothèque et de vastes salles d'étude où l'on arrivait de toutes parts. On y cultivait les arts : témoin le beau cloître de 1303, qui existe encore, et les ouvrages sur la musique et la philosophie publiés par eux... Aujourd'hui les écoles de garçons et de filles remplissent les bâtiments... Jadis on apprenait là plusieurs langues... avec l'allemand et le français... Aujourd'hui ces études ne sont plus libres...

O 19me siècle! les chemins de fer marchent et aussi l'électricité, les ballons dirigeables vont passer sur nos têtes; la langue française est la langue universelle... Nous sommes sur la frontière de ce grand pays et l'on vient nous dire tout d'un coup, vous n'apprendrez plus que très peu la langue de ce voisin là...

Espérons qu'il y aura prochainement des adoucissements à ce régime.

A droite et à gauche, échelonnés sur les côtes, sont les châteaux et villas modernes de nos fonctionnaires et magistrats. On voit que les traitements ont augmenté... on ne travaille plus pour la gloire autant que jadis... mais il est temps d'avancer vers la vallée. Allons à ces châteaux en ruines là-bas.

Au pied du Greifenstein que nous allons gravir est un joli chalet. Il a été habité pendant la belle saison par une artiste Mad. d... Persuadée que la meilleure manière de montrer sa sympathie pour les Alsaciens était d'aller les visiter chez eux, elle est venue cet été faire de ravissantes aquarelles des sites qui nous entourent.

Il y aurait quelque mérite pour beaucoup d'autres artistes d'aller revoir les beaux sites d'Alsace où dorment leurs aïeux, de dessiner les clochers près desquels ils ont travaillé et de rentrer dans ces Eglises où ils ont prié.

Qui a fait des Alsaciens un peuple si endurant, si courageux? Chez qui les soldats de Napoléon avaient-ils étudié? Chez les Moines Franciscains, Jésuites, Bénédictins... tous religieux au fond, nous marchons courageusement à la mort et supportons avec joie et patience les misères de la vie.

UN SAVERNOIS.

(Journal d'Alsace, 10 décembre 1884).

XVII.

Elle est longue la liste des Alsaciens qui brillent à Paris! Commençons par ceux qui nous touchent de plus près : Wencker de Lupstein prix de Rome en 1880; Roll de Dettwiller, médaillé aux grandes expositions... étant un peu de notre parenté, c'est lui qui sur notre demande a envoyé une belle esquisse (le fuyard) pour notre futur Musée...

Cette toile qui réclame un grand local, se trouve à la Mairie de Saverne.

Dans l'année 1884 où ces lignes parurent dans le Journal d'Alsace nous projetions de former une Société et de créer un Musée libre des beaux arts à Saverne...

A cette époque les Musées de Strasbourg n'étaient pas reconstitués.

Dans la préface de son catalogue le D. Dehio nous apprend que 288,000 m. — reçus par la ville de Strasbourg comme indemnité pour les tableaux brûlés en 1870 — avaient reçus une autre destination... En 1889 il se retrouva à la tête de

552,700 m. pour reconstituer le Musée de Strasbourg.

Cette idée de créer des Sociétés libres des arts dans nos petites villes est-elle chimérique?

Elle a été réalisée en 1886 par le Dr Hottinger, bibliothécaire à l'Université (voir description de son Musée dans les n° 22, 24, 26 et 28, rue de l'Université, dans le Journal d'Alsace du 15 octobre 1886). Ses collections se composaient surtout de gravures qui tapissaient les murs de 3 étages.

Deux ans avant, l'auteur de ces lignes avait organisé dans son Musée savernois, un cours gratuit de dessin d'imitation.

En 1890 je fis imprimer à Saverne le procédé mécanique de dessin sur verre d'après A. Dürer et L. de Vinci — je reçus des félicitations d'Eugène Müntz, conservateur du Louvre.

Plus récemment en 1902 M. M. Ritleng et Dr Bucher ont créé le Musée alsacien, à responsabilité limitée, capital au début 22,000 m. Jadis les Moines pour instruire la jeunesse commençaient avec moins que cela et ils faisaient bien... moins vous avez de richesses, moins on peut vous prendre.

Que faut-il pour créer des chefs d'œuvre immortels : un fusain ou des crayons, du papier, quelques couleurs pour le peintre... 12 outils, de la terre glaise, de la cire, du bois pour le sculpteur...

En 1886 le D' Schricker commençait le Musée Hohenlohe en achetant la collection de serrurerie de M. Lipmann.

Ce sont des amateurs avant 1870 qui ont copié une partie du Hortus deliciarum. C'est à un particulier M. de Schauenburg que nous devons la conservation de la seule verrière, qui reste, des 77 déposées au Temple neuf.

Ainsi tout prêtre, instituteur, tout citoyen peut commencer un Musée — il peut collectionner...

S'il a le courage d'apprendre ou d'enseigner aux autres le dessin d'imitation il aura du mérite et espérons du succès.

En étudiant les chefs d'œuvre de la création, en les copiant, la main peu à peu devient plus sûre... l'œil plus clair voyant... le travail artistique élève l'âme et la rapproche du Créateur.

CH. ROUGE.

Andlau, 15 janvier 1905.

XVIII.

LES RUINES
LE GREIFENSTEIN

Ami Lecteur,

Le paysage a changé depuis notre dernier entretien : dans les villes la boue, le brouillard, le froid n'invitent pas à sortir; dans la montagne il n'en est pas ainsi : à peine la pluie a-t-elle cessé, que le sable sèche dans les sentiers; nous pouvons donc continuer notre ascension vers les ruines. Nous marchions sous les pins. Ils ne sont pas difficiles, les pauvres arbres : ils poussent sur les rochers et dans les terres les plus ingrates; s'il arrive des accidents aux branches inférieures ou qu'elles manquent d'air, d'autres plus nombreuses poussent vers la cime, — sur le même tronc nous voyons en bas la décrépitude, en haut une continuelle jeunesse; — en hiver même ils gardent leur verdure sombre; leur écorce rude et épaisse leur fait braver tous les froids : cette écorce dans les jeunes arbres est colorée de teintes brûlées, qui, même quand le ciel est couvert, les font paraitre éclairés par un soleil couchant.

Le chemin que nous suivons est un peu raide, mais il fait bon ici : ne nous pressons pas. Quelle odeur balsamique ils exhalent, ces braves arbres chargés de purifier l'air que nous respirons ! comme on sent que cela réconforte... Après les pins rustiques, viennent les hêtres délicats. Ils étaient bien beaux, bien gracieux dans la belle saison, et sur les sentiers ombragés, où brillaient çà et là des éclaircies d'un rouge fauve, ils laissaient tomber au loin de longues branches, qui faisaient étinceler à nos yeux les verts les plus délicats de l'émeraude et de la topaze. Aux premiers froids toute cette splendeur disparait... Mais si nos hêtres se reposent quelques mois, il ne faut pas leur en vouloir : avant leurs feuilles, ils ont laissé tomber une abondante récolte de faines ; des femmes, des enfants sont venus les ramasser et en faire des provisions d'huile pour l'hiver. En été, il nous ont protégés de leur ombre ; ils serviront à nous préserver du froid en hiver. Déjà le bûcheron a commencé son œuvre, par une petite coupe d'éclaircie..

Beaucoup de gens bien logés, bien nourris dans les villes, peuvent-ils se vanter d'être aussi utiles à l'humanité ?

Mais voici les ruines qui commencent à se dessiner sur le ciel gris. Nous dominons déjà les vallées, et, à notre gauche, les sommités rondes des Vosges fuient dans la brume. Remarquez comme en hiver ici tout est harmonieux! On dirait que tout le tableau a été passé à la sépia, au brun Van-Dyck, mais les troncs gris des hêtres, les lichens blancs et les belles mousses vertes sur les rochers gris de cendre éloignent toute monotonie. L'habitant des villes traverse vite les rues en ce moment et se figure qu'il y a partout des trottoirs où les eaux croupissent... Qu'il vienne admirer la belle végétation qui décore les ruines même en décembre! Ici le lierre monte le long des murs et retombe en guirlandes; là de jeunes fougères vertes brillent sur les mousses sombres; plus loin la ronce aux profondes racines, la ronce de la Bible, qui vient partout où l'homme a cessé de travailler, jette de ci de là de longs festons décorés de feuilles multicolores... Ici elle embellit; ailleurs elle force le laboureur à creuser profondément son champ, pour l'extirper.

(Journal d'Alsace, 7 janvier 1885).

XIX.

LES RUINES
LE GREIFENSTEIN

(SUITE)

Les ruines de la Basse-Alsace ne font pas si bonne figure que celles du côté de Schlestadt. Il est vrai que là haut elles sont en granit et ici en grès. Celles que nous visitons aujourd'hui ont été particulièrement maltraitées. Non seulement le gros donjon de l'ouest ne conserve plus que le quart de sa hauteur, mais les murs des deux autres tours ont été dépouillés en partie des grandes pierres qui en formaient le revêtement; elles présentent l'aspect de la désolation.

Voyons ce que nous raconte l'histoire sur les seigneurs.

M. Fischer, notre ancien maire, a, dans l'espace de dix ans, écrit environ 24 brochures sur nos environs. Comme travail, c'est un résultat digne d'éloges, mais sa façon d'écrire ne réclame pas d'imitateurs : il énumère les faits puisés dans les archives et cite les auteurs qui le renseignent ; c'est déjà important, mais ne suffit pas. Ainsi écrite, l'histoire peut nous donner une idée très fausse des temps et des personnes. Si nous n'avons de documents que pour une certaine période — qui est souvent la dernière : celle de la décadence, et que nous ne disions rien des siècles précédents, le lecteur, qui ne voit que querelles, procès, batailles, dans un livre intitulé : *Le château de Greifenstein ou l'abbaye de Marmoutier*, sort de cette lecture à moitié malade et se dit : quels hommes, quels temps que ces anciens-là! Que dirions-nous si, dans quelques siècles, on nous jugeait d'après les dossiers judiciaires que conservent nos tribunaux? Allons, avancez les travailleurs; quelques pionniers de talent ont marqué la voie, mais il reste beaucoup à faire. Tous ceux qui ont écrit ont-ils été indépendants, impartiaux ou justes pour les différentes époques de notre histoire? ont-ils été secondés par des artistes consciencieux, exacts? Ces derniers surtout ont à faire, pour nous donner des livres convenablement illustrés, comme on les veut aujourd'hui.

Bref, Fischer, après avoir compulsé Schœpflin, Grandidier, Volcyr de Séronville, Strobel, etc., n'a pu nous donner que quelques pages sur les seigneurs de Greifenstein. Il nous apprend, entre autres, qu'en 1157 un seigneur de Greifenstein figure pour la première fois, comme témoin, dans un diplôme de Bourchard, évêque de Strasbourg, en faveur d'Edwige, abbesse de Saint-Etienne; au début, les seigneurs de Greifenstein sont vassaux de ceux d'Ochsenstein; quand l'évêque de Strasbourg devient le plus puissant seigneur des environs, ils passent de son côté et obtiennent de lui toutes sortes de faveurs et de charges : par exemple la moitié de l'advocatie du faubourg de Saverne avec l'obligation d'en protéger les habitants. Ils possédaient aussi les villages de Kœnigshoffen et de Kaltwiller sur la côte de Saverne.

L'histoire de ces deux villages reste encore à écrire... ce sera un peu difficile, car il n'en reste pas une pierre sur l'autre.

(Journal d'Alsace, 7 janvier 1885).

XX.

LES DE HONSTEIN
CIMETIÈRE GALLO-ROMAIN

Frédéric de Greifenstein est tué à la bataille de Sempach, en 1386. En 1447, Jean de Fénétrange tombe à l'improviste sur le village de Bermering, y fait prisonniers quelques serfs (*etliche arme lüte*) et les conduit au château qui est devant nous ; l'évêque Robert de Bavière s'engage à les garder et à les entretenir pendant deux mois moyennant 550 florins (*vier anderhalp hundert gulden*). En 1516, les haut et bas châteaux appartiennent à Guillaume de Honstein et à partir de cette époque, dit l'auteur cité, « l'absence totale de détails fait penser que les deux châteaux tombèrent en ruines. »

Voilà, outre des détails de mutations de propriété dont les actes existent, à peu près tout ce que l'on sait des nobles seigneurs qui ont chevauché ici des centaines d'années. *Sic transit gloria mundi!*

Il faudra donc, pour refaire l'histoire de ce coin de forêt, glaner dans ce que nous savons de l'histoire générale des époques reculées, en y ajoutant quelques souvenirs personnels.

De tout temps ce plateau qui commande à un défilé des Vosges a dû être occupé : la base du donjon là-bas, avec ses pierres à bossages de plus de 1 mètre de long sur 50 centimètres de hauteur, peut bien provenir d'un castel romain ; à 300 mètres du château on trouve les débris d'un ring ou enceinte celtique et dans les forêts des alentours se trouvent beaucoup de tumulus. Sur le versant de la vallée de la Zorn, à côté du château, il existait encore, il y a trente ans, un cimetière gallo-romain dont toutes les pierres ont été conduites au musée de Saverne. Nous nous rappelons avoir souvent passé à côté de ces monuments, qui présentaient des roues gauloises, des croissants et des inscriptions de toutes sortes. Il est regrettable qu'on n'ait pas jugé à propos d'en laisser quelques-uns en place : il n'y en aurait eu que 20 alignés là-bas au lieu de 50, que le mal n'eût pas été sensible... le touriste aurait pu voir un vrai cimetière celtique en place. Il n'y en a déjà pas tant, et la forêt est plus accessible que le musée municipal, surtout en hiver.

En creusant au nord du donjon, on trouve des débris de poterie, gris de fer, d'un beau galbe : ils portent des rainures parallèles assez variées de forme. Le même genre de poteries s'est trouvé l'année dernière à 2 mètres et demi sous le sol de la place Saint-Nicolas, à Saverne, quand on y a creusé une citerne; j'en ai rempli trois boîtes. Je profite de cette occasion pour appeler l'attention des antiquaires sur une autre localité fertile en trouvailles. J'en ai eu connaissance il y a trois années, voici à quelle occasion : pour encourager un peu les arts, j'avais ouvert un cours de dessin, et soixante amateurs arrivaient à tour de rôle chez moi pour dessiner et emprunter des modèles; dans quatre mois d'hiver, ils firent 1200 esquisses à main levée; cette jeunesse était heureuse : on fit deux ou trois excursions archéologiques et des dessins d'après nature. J'eus tant de satisfaction moi-même, que je recommencerai peut-être.

(Journal d'Alsace, 7 janvier 1885).

XXI.

URNES GALLO-ROMAINES

A HEILIGENBERG

Les Chevaliers.

Je dis un jour à un amateur intelligent qui s'en allait du côté de Mutzig : « Rapportez-nous des fossiles ou des antiquités. » Ne voilà-t-il pas qu'il revient deux jours après avec les poches remplies de débris de poteries romaines ; il en offrit au Musée de la ville et m'en a laissé une collection que j'offrirai à mon tour, dès que ledit Musée sera abordable au public à jours fixes... Quelques-unes de ces poteries sont de la belle époque : on y remarque, au milieu d'ornements intéressants, des cerfs, des tigres, des lions, des sangliers ; le plus remarquable de ces débris présente dans un petit cadre rond de 2 centimètres, et à côté d'une grande urne, deux petits Génies debout, tendant les bras vers le ciel... L'intelligent chercheur, L. Hentz, qui a rapporté ces souvenirs, m'a raconté qu'à Dinsheim, à côté du lit de la Bruche, il y avait un ancien four romain, où, par les basses eaux, ces débris se trouvent en quantité.

Revenons à nos seigneurs du Greifenstein. Leurs armoiries étaient d'argent à un griffon aux ailes déployées de sable, becqué et patté de gueules. Le griffon, d'où notre château tire son nom, était un animal fabuleux de l'antiquité, au corps de lion, à la tête et aux ailes d'aigle. Il figure déjà sur le casque de la Minerve de Phidias et sur une coupe de Samos au 7e siècle avant notre ère. Pour le châtelain défendant notre entrée de vallée, ce lion debout, la patte en avant, formait un blason expressif.

Les châteaux forts le long des Vosges ont été un moment une nécessité, pour protéger les habitants contre les invasions périodiques. Après les cohortes des empereurs romains, les Huns d'Attila, etc., le pays n'était plus habitable. Saluons les chevaliers du 12e et du 13e siècle qui nous ont délivré de ces fléaux et, par les croisades, ont fait avancer la civilisation. — Les murs du donjon là-bas, de 3 mètres d'épaisseur avec bossages, à l'intérieur même; le mâchecoulis qui donne sur le profond ravin, nous les rappellent. — Ce sont les chevaliers qui, au début du moyen âge, ramènent les sentiments de générosité, de loyauté et de courtoisie, inconnus aux armées des siècles précédents. Quelles étaient les lois de la chevalerie au 12e siècle? Suivant Ménétrier : Vouer à Dieu et à l'Eglise un attachement absolu; servir le roi et la patrie avec bravoure ; défendre les faibles, n'offenser malicieusement personne ; ne commettre aucune usurpation, mais combattre les usurpateurs ; n'obéir en toute cause qu'au sentiment de l'honneur ; le chevalier ne pouvait combattre contre un seul, s'il était lui-même accompagné ; toute manœuvre frauduleuse lui était interdite ; dans les tournois, il ne devait frapper que de taille, jamais d'estoc. Après le christianisme, c'est à la Germanie, du temps de Tacite, que la chevalerie a le plus emprunté : la foi à la parole donnée, le respect de la femme, le sentiment du point d'honneur.

(Journal d'Alsace, 7 janvier 1885).

XXII.

FIN DE LA CHEVALERIE

Vingt ans après.

Mais bientôt il y eu beaucoup trop de ces châtelains, et en Alsace, surtout dans les siècles suivants, ils s'oublient souvent au point de rançonner ceux qu'ils sont chargés de défendre : témoin ces fameux Geroldseck qui peu à peu dépouillent l'abbaye de Marmoutier dont ils étaient les avoués. Il est regrettable certainement qu'à un moment donné des évêques se soient crus tenus, comme propriétaires de châteaux, de monter à cheval pour commander à des soldats, mais n'a-t-on pas aussi vu des généraux descendre de cheval pour sermonner des pasteurs, des curés !

Les *arme liite* (pauvres gens), sur qui l'on tombe à l'improviste en 1447, pour les mettre deux mois en prison dans ce château, nous font rêver. . . . Qu'avaient-ils fait? Le mot « à l'improviste » nous le fait deviner. Leur seigneur avait eu sans doute un démêlé avec un seigneur voisin : ils n'en savaient rien, mais on leur tombe dessus. Ce sont des événements qui arrivent encore aujourd'hui. En Alsace, le plus grand nombre s'est habitué à se tirer de là, sinon avec profit, du moins avec honneur.

Mais quittons ces souvenirs... Voyez, au haut de cette tour, les oiseaux qui se sont abattus sur un sorbier, ils se régalent des petites baies rouges ; s'il survient un rayon de soleil, ils ne manquent pas de le saluer ; quand la neige tombera, ils se cacheront sous les touffes de lierre. Ils vivent pleins de confiance... Faisons comme eux.

Un Savernois.

(Journal d'Alsace, 31 janvier 1885).

20 ans après.

Il y a 20 ans que ces lignes pleines de confiance ont été écrites.

Depuis, notre ville natale a vu des progrès matériels, de nouvelles façades, de gros budgets et hélas aussi le déficit. — Ou sont les Mécène pour l'arrêter dans cette voie et amener le progrès moral... A quand le Musée et la bibliothèque artistique ouverts au public ?

Les anciens continuent leur exil — la mort a fauché dru les Schœll, de Latouche, Weber, Doré,

Heller, Schott, Audiguier, Haffen, Gass, Rumpler, Méline, Kolb, etc. etc.

De notre famille nous sommes 23 vivants que l'amour des arts rend heureux de vivre, entre autres une nièce timide, qui a rapporté avec son excellent homme des Albums splendides d'Italie, d'Afrique et d'Espagne.

Son frère l'ingénieur est conservateur d'un Musée personnel et moi depuis 60 ans je manie mieux le crayon tous les jours.

Les Savernois ont un cercle d'artisans. Dessinez bien mes chers — dessinons toujours mieux après avoir relu ces réflexions.

Andlau, 16 janvier 1905.

XXIII.

L'ÉTUDE DES VIEUX MAITRES RAPPROCHERA LES HOMMES

On ne peut assez le répéter : la ville de Strasbourg qui a touché plus d'un million pour les Musées et édifices brûlés en 1870 aurait dû payer les frais de reconstitution du Hortus 30,000 m. et celle des vieilles chroniques. Elle a daigné seulement accorder quelques milliers de Marcs à la Société des monuments historiques qui s'est ruinée avec ces reconstitutions — à tel point qu'elle avait 16,000 m. de dettes il y a 3 ans.

Au 16e et 17e siècles les protestants étaient les maîtres à Strasbourg. Ils ont eu la Cathédrale pendant plus de 100 ans. — Quand les catholiques y sont rentrés elle était vide de son mobilier. Pourquoi ces aveugles ont-ils brisé les images. Pourquoi en a-t-on brisé dans la révolution ? l'éducation artistique était faible...

Dans les chroniques ci-dessus, dont nous avons payé la reconstitution, on lit (voir bulletin de 1896,

p. 14). (Alt S. Peter.) Ein abtrünniger von Stephansfeld mit namen Th. Schwartz, hat der erste, in der Stiftskirche zum Alten S. Peter, das Lutherthum gepredigt; er hat auch die bilder zerbrochen, die geistlichen gemälde auslöschen und weissen lassen etc. « Ce premier novateur à saint-Pierre le vieux a brisé les images et fait blanchir les murs couverts de fresques ! »

Ce qui se passe en 1905 à saint-Pierre le Jeune prouve que la réconciliation a fait un pas... on a recherché sous le badigeon, ces fresques des vieux maîtres et peint même les manteaux des saints à l'extérieur de l'Eglise... Il y en a qui prétendent que la restauration de cette vieille église — que les catholiques ont cédé aux protestants — a coûté 700,000 m.

Cela prouve que l'argent ne fait pas défaut à Strasbourg.

Pourquoi alors les catholiques ne peuvent-ils pas réunir quelques centaines de marks pour faire voir, à ceux qui réorganisent les Musées et les temples, qu'eux aussi aiment les vieux maîtres.

Braves Compatriotes, si la Société des Monuments historiques et les pouvoirs constitués ne peuvent pas vous aider.... s'ils ont besoin de toutes leurs ressources pour faire grand à Strasbourg... collectionnez, avec quelques sous, les œuvres des vieux maîtres, dans vos petites villes d'Alsace.

Ne soyez pas exclusifs. Ne vous contentez pas de rechercher A. Dürer qui est souvent bien tourmenté, H. Baldung Grün quelquefois fantastique, Lucas Cranach des fois trivial... donnez une belle place dans vos albums et collections a Giotto, Fra Angelico et les maitres italiens, français, flamands... Les statuts de la Corporation des peintres de Sienne commencent ainsi :

« Par la grâce de Dieu, nous sommes ceux qui
« manifestent aux hommes grossiers et illettrés les
« choses miraculeuses faites par la vertu et en
« vertu de la sainte Foi. »

. . . .

— Vous n'avez pas besoin d'être D^r pour classer vos gravures ou tableaux... laissez parler votre cœur. — Placez à la place d'honneur les saintes Vierges les plus chastes, les saints et les saintes les plus pieuses... les Cathédrales gothiques les plus merveilleuses... ornez votre intérieur de vues de cloîtres... cela repose mieux les yeux que les batailles, ou les portraits de grands hommes, qui ont fait couler le sang.

Musée des vieux maîtres à Strasbourg.

Ce Musée renferme 500 toiles, dont une partie achetées par le Dr Dehio conservateur et d'autres magnifiques offertes par le chanoine Straub (N° 1, 4, 26, 54, 56, 204, 259... surtout la Madonne

N° 204 de l'école de Sienne mérite l'attention ; 2° les N°ˢ 5, 7, 8, 18, 19, 20, 66 environ 37 peintures des autels Saint-Sébastien et de Müllenheim provenant de Neuwiller, ont été prêtées par la Société des Monuments historiques à la ville de Strasbourg pour être exposées ; 3° 21 N°ˢ a elle prêtés aussi par la Société des amis des arts.

Il est désirable que les plus intéressantes de ces peintures soient reproduites en photogravure, format des cartes postales — exécutées par Mʳ Kræmer de Kehl sur beau papier de Rixheim, ces cartes se colorient facilement... Elles formeront dans nos petites villes, les Musées des pauvres.

CH. ROUGE.

Andlau, 19 janvier 1905,

XXIV.

Vingt ans après.

Il y a 20 ans que le Journal d'Alsace, alors dirigé par G. Fischbach, a bien voulu imprimer les voyages d'un Savernois autour de sa cité. — Saverne est le centre du monde... s'il en faut croire l'obélisque érigé sur notre place du marché! — Ce monolithe indique la distance de notre vieille forteresse romaine, puis cité épiscopale aux principales villes du globe!

Dans ce pays splendide, devant les vastes horizons tout le monde a l'âme artiste... pourquoi les peintres, les dessinateurs ne poussent-ils pas là comme des champignons, ou comme les rayons d'un soleil vivifiant pouvant éclairer la terre? ... mystère.

Nous avons essayé de sonner le clairon en 1884—85, voir feuilletons d'un Savernois[*]). Nous a-t-on entendu? Oui, à Strasbourg peut-être...

A l'ancienne Académie quelques hommes ont remué, en 1885, on a commencé un petit Kunstmuseum, un Kupferstich Cabinet; en 1889 on a retrouvé 552,700 m. indemnités de 1870 pour les Musées brûlés[**]). On a acheté, reçu, emprunté des

---

[*]) *Journal d'Alsace*, 18 oct., 7 nov., 2 déc. 1884.
[**]) Voir catalogue Dehio, *Elsässische Druckerei*, Strasb. 1903.

tableaux à la Société des Monuments historiques à celle des arts. Strasbourg s'enrichit de nouveau des dépouilles du pays... Cette belle ville prend-elle les précautions nécessaires, pour populariser, faire connaître à tout le pays et conserver le souvenir des antiquités, qu'elle centralise ?

On dit qu'il vient peu de visiteurs dans les galeries des tableaux... Alors faisons mieux connaître par les journaux, par des catalogues bien illustrés des cartes vues, les souvenirs remarquables que ces Musées renferment, que nos Députés et édiles disent ce que ces collections ont demandé de sacrifices au pays... ce que coûte leur entretien... la ville de Strasbourg est-elle seule digne de leurs largesses ?

Nos petites villes d'Alsace jadis célèbres, Molsheim, Schlestadt, Saverne, Obernai etc., ne sont-elles pas appelées à voir renaître chez elles, la vie intellectuelle ?

Quel progrès a été réalisé, là, depuis 20 ans ?

A Oberehnheim un petit Musée s'est formé, avec un matériel d'église laissé par des religieux... A peine né le Comité s'est rendormi depuis 2 ans !

Y a-t-il une organisation pratique pour faire apprécier les travaux artistiques... pour enseigner le dessin d'imitation à la jeunesse et aux artisans ?

Partout s'ouvrent des auberges, des brasseries ... on y pérore contre le socialisme... les journaux nous racontent leurs procès !

Laissons un peu ces luttes à la Don Quichotte. — Causons moins des théâtres et un peu plus des beaux arts.

Il y a des collectionneurs éclairés, causons des belles choses qui restent encore de nos vieux-monastères, de nos Eglises, des châteaux et des belles maisons.

O belle Alsace artistique réveille-toi donc.

C. R.

Andlau, 19 janvier 1905.

www.ingramcontent.com/pod-product-compliance
Lightning Source LLC
Chambersburg PA
CBHW070314100426
42743CB00011B/2448